날마다 하나님과 동행하는

_____ 에게 드립니다.

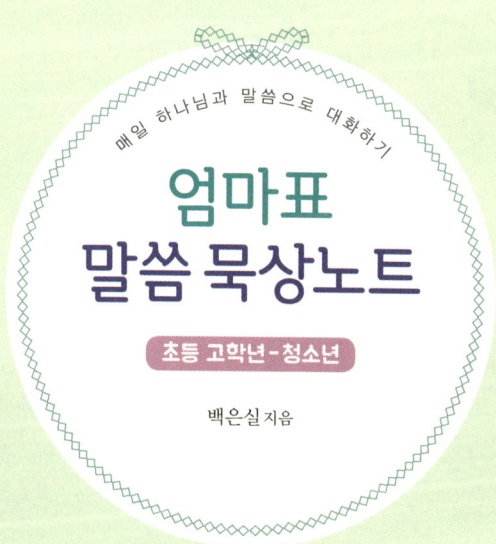

매일 하나님과 말씀으로 대화하기

엄마표 말씀 묵상노트

초등 고학년-청소년

백은실 지음

규장

말씀이 이끄는 삶

내가 주의 법을 어찌 그리 사랑하는지요 내가 그것을 종일 작은 소리로 읊조리나이다 시 119:97

성경에서 묵상은 '하가'라는 히브리어로 '중얼거리다'(murmuring) 혹은 '속삭이다'(whispering)라는 뜻입니다. 구약에서는 '시아흐'로 '깊이 생각하다', '마음으로 숙고하다'라는 뜻이지요.

말씀 암송과 묵상은 불가분의 관계입니다. 암송할 때 입에서 소리 내어 읊조리는 말씀을 귀로 들으며 깊은 묵상의 단계로 나아가기 때문이지요. 말씀의 참뜻을 깨닫기 위한 일념으로 하나님의 말씀을 작은 소리로 혹은 입속에서 반복하여 되뇔 때, 오묘하신 말씀의 뜻과 지혜를 깨닫고 말씀대로 이끌어주시는 삶을 경험할 수 있어요.

오직 영이요 생명이신 하나님의 말씀을 나의 입술로 선포하고, 다시 영으로 들으며 마음에 새깁시다. 말씀 묵상은 복 있는 사람으로 살아가는 최선의 방법이자 최고의 비결이에요.

묵상, 성찰, 예배

오직 여호와의 율법을 즐거워하여 그의 율법을 주야로 묵상하는도다
시 1:2

《엄마표 말씀 묵상노트》는 크게 세 부분으로 구성됩니다. 매일 주님과 동행하며 묵상한 기록을 남기는 묵상노트, 신(信)·덕(德)·지(知)·체(體) 네 가지 덕목으로 한 주를 돌아보며 다음 주를 준비하는 성찰노트, 예배의 은혜를 기록하는 예배노트예요.

묵상, 성찰, 예배 이 세 가지를 기록하는 이유는 희미한 기억보다 선명한 기록으로 남겨 은혜의 작은 조각도 소중히 간직하기 위함이지요.

창의력은 이전에 없던 것을 만들어내는 능력이 아니에요. 평범한 것에서 비범한 것을 발견하고, 반복되는 일상에서 특별한 일을 찾아 실행하는 힘, 누구나 보고 듣고 느끼는 것에서 나만의 시선으로 내 느낌과 생각을 입히는 것입니다.

'영적인 창의력'도 마찬가지예요. 매일 만나는 말씀에서 내게 주시는 하나님의 뜻을 발견하고 삶에서 창의적으로 적용하는 것이지요. 묵상과 암송이 이 힘을 길러줍니다.

말씀의 홍수 속에 살아간들, 나를 향한 하나님의 메시지를 발견하지 못한다면 신앙훈련도 의미가 없어요. 《엄마표 말씀 묵상노트》와 함께 말씀을 특별하게 살아내는 복 있는 사람이 되기를 축복합니다.

날마다 주님과 동행하는 묵상노트 활용법

말씀을 통해 부어지는 은혜를 기록하는 공간이에요. 성경, 큐티 교재, 암송 구절 등으로 묵상할 경우 이 노트를 활용하면 좋습니다.

○ 시간과 장소

매일 일정한 시간과 장소에서 말씀이신 하나님과 교제하기로 약속해요. 하루를 시작하는 아침이면 더욱 좋아요.

주의 말씀을 조용히 읊조리려고 내가 새벽녘에 눈을 떴나이다 시 119:148

○ 기도

말씀 묵상에 앞서 말씀을 바르게 깨닫게 해주시고 말씀 가운데 만나주시길 기대하며 먼저 기도로 나아가요. 성경은 하나님의 감동으로 기록되었기에 계시 없이는 말씀의 지혜를 깨달을 수 없어요. 성령의 도우심으로 하나님의 뜻을 바르게 이해하길 기도합시다.

오직 하나님이 성령으로 이것을 우리에게 보이셨으니 성령은 모든 것 곧 하나님의 깊은 것까지도 통달하시느니라 고전 2:10

○ 오늘의 말씀

주어진 본문을 소리 내어 세 번 이상 읽습니다. 암송하는 경우에도 반드시 소리 내어 읊조려야 해요. 눈으로만 읽지 않고 소리 내어 읽는 이유는 입술로 선포한 말씀을 반복해서 들음으로써 하나님의 말씀을 깨닫기 위함이지요. 맛있는 요리를 천천히 씹으며 맛을 음미하는 것처럼 말씀도 사모하는 마음으로 곱씹어야 참뜻을 깨달을 수 있어요. 살아계신 하나님의 말씀이 내 생각과 마음을 주장하도록 천천히 소리 내어 읽어봅시다.
중요하다고 생각하거나 감동이 오는 구절에 밑줄을 그으며 읽어도 좋아요. 하나님께서 말씀을 통해 내게 무엇을 말씀하시는지 충분히 묵상하는 시간을 갖습니다.

금 곧 많은 순금보다 더 사모할 것이며 꿀과 송이꿀보다 더 달도다 시 19:10

○ 핵심 단어

본문에서 핵심 단어를 1-3개 정도 찾아보아요. 말씀을 함축하는 핵심 단어는 묵상을 떠올리는 좋은 도구예요. 반복해서 나오거나 마음에 와닿는 단어를 적어도 좋아요.

○ 본문 요약

말씀을 충분히 읽은 후에 내용을 요약해요. 단순한 내용 정리를 넘어 한 번 더 말씀과 깊게 마주하고, 말씀을 충분히 읽고 이해했는지 확인하는 시간이지요. 지혜를 구하며 말씀을 정리해요.

○ 내게 주시는 말씀

특별히 은혜가 되는 구절을 적어보아요. 왜 이 말씀을 내게 주시는지 깊이 묵상하며 주신 말씀을 기록하고 마음에 새깁니다.

○ 하나님의 성품

말씀에서 하나님의 성품과 사역을 발견하는 시간이에요. 삼위일체 하나님은 어떤 분이시고, 무슨 일을 하셨으며, 어떤 일을 행하실지 찾아보아요. 이를 통해 내게도 동일하게 역사하시는 하나님을 만날 수 있어요. 내게 하나님은 어떤 분이시고 나를 향한 하나님의 뜻은 무엇인가요?

창조주, 영광의 하나님, 말씀이신 예수님, 빛으로 오신 분, 찬송 받기 합당하신 분, 질투하시는 하나님, 목자이신 예수님, 오래 참으시는 분, 귀신을 쫓아내시는 분, 거룩하신 분, 사랑의 하나님, 용서하시는 주님, 약속을 지키시는 하나님 등 성경에 하나님의 성품이 잘 드러나 있어요.

○ 나를 돌아보기

말씀 가운데 내게 주시는 교훈은 무엇인가요? 하나님의 명령은 무엇이고, 말씀대로 살기 위해 본받아야 할 점과 고칠 점, 피하고 거절해야 하는 죄는 어떤 것인지 정직하게 돌아보아요.

너희는 내게 배우고 받고 듣고 본 바를 행하라 그리하면 평강의 하나님이 너희와 함께 계시리라 빌 4:9

○ 오늘의 깨달음

말씀을 통해 무엇을 깨달았나요? 또 내가 붙잡고 기도해야 할 약속은 무엇이 있나요? 하나님께서 말씀을 통해 무엇을 말씀하시는지 귀 기울이며, 내게 주시는 교훈을 적어보아요.

좋은 땅에 있다는 것은 착하고 좋은 마음으로 말씀을 듣고 지키어 인내로 결실하는 자니라 눅 8:15

○ 실천과 적용

깨달음을 삶에서 어떻게 실천할 수 있을까요? 거창한 목표가 아닌 구체적이며 실행 가능한 적용이어야 해요. 매일 주어진 자리에서 말씀대로 살기 위한 작은 몸부림이 거룩한 습관이 되도록 언제, 어디서, 무엇을, 어떻게 실행할지 상세하게 찾아보아요. 나를 위한 적용에서 가정과 교회, 이웃과 나라를 위한 적용으로 넓혀 간다면 더욱 좋습니다.

너희는 말씀을 행하는 자가 되고 듣기만 하여 자신을 속이는 자가 되지 말라 자유롭게 하는 온전한 율법을 들여다보고 있는 자는 듣고 잊어버리는 자가 아니요 실천하는 자니 이 사람은 그 행하는 일에 복을 받으리라 약 1:22,25

○ 감사와 기도

묵상을 통해 깨닫고 결단한 것을 실천할 수 있도록 주님께 도움을 구해요. 간절하고 감사한 마음으로 기도한 후에 묵상을 마무리합니다.

신(信), 덕(德), 지(知), 체(體)
성찰노트 활용법

한 주를 '신, 덕, 지, 체' 네 가지 덕목에 비추어 돌아보는 성찰노트예요. 경건한 믿음과 성숙한 인격 위에 올바른 지식을 지닌 건강한 하나님의 자녀로 성장하기 위해 스스로 점검하는 시간이 꼭 필요하지요. 성찰의 목적은 '회개'와 '소망'입니다. 한 주간 뉘우쳐야 할 크고 작은 죄를 회개하고, 변화될 내 모습을 소망해요. 네 가지 덕목에 해당하는 것들을 기록하며 작은 일에 충성하는 습관을 만들어 갈 수 있어요.

○ 신(信) 경건한 믿음을 쌓기 위해 실행한 일

한 주간 내 신앙생활을 점검해 보아요. 예배, 말씀(묵상, 읽기, 암송, 쓰기), 기도, 신앙 서적 읽기 등 믿음과 신앙의 성장을 위해 노력하고 실천한 일을 기록합니다. 영적인 삶이 풍성한 만큼 신앙과 믿음도 자라날 거예요.

> 너는 진리의 말씀을 옳게 분별하며 부끄러울 것이 없는 일꾼으로 인정된 자로 자신을 하나님 앞에 드리기를 힘쓰라 딤후 2:15

○ 덕(德) 예수님의 마음을 품고 행한 일

섬김, 겸손, 순종, 정직, 경청, 배려, 사랑, 절제, 나눔, 용서, 감사, 인내, 성실, 존중, 긍휼, 기쁨, 분별, 책임, 충성, 화평, 온유, 자비, 충성, 사랑 등 한 주간 그리스도의 형상이 나타나도록 행한 일을 돌아보아요.

성령의 열매를 맺는 그리스도인이 되려면 믿음 위에 예수님의 황금률(Golden Rule), 곧 이웃을 사랑하는 마음의 자세와 훈련이 필요해요.

너희 안에 이 마음을 품으라 곧 그리스도 예수의 마음이니 빌 2:5

○ **지(知)** 착실한 실력을 갖추기 위해 노력한 일

한 주간 올바른 지식을 소유하기 위해 성실히 행한 일들을 돌아보아요. 독서, 공부 등 배움을 쌓기 위해 노력한 어떤 일이든 좋아요. 그리스도인은 무엇을 하든 하나님나라에 목적과 방향을 두고, 하나님의 영광을 위한 도구가 되도록 최선을 다해야 해요.

너는 마음을 다하여 여호와를 신뢰하고 네 명철을 의지하지 말라 너는 범사에 그를 인정하라 그리하면 네 길을 지도하시리라 잠 3:5,6

○ **체(體)** 건강한 신체를 만들기 위해 실천한 일

운동, 식습관, 수면, 휴식 등 하나님의 성전인 몸을 어떻게 관리했는지 돌아보아요. 건강한 몸에 건전한 정신이 깃들고, 체력이 곧 영적인 근력으로 이어지기에 건강을 지키는 것이 중요해요. 내 몸이 하나님의 영광이 되도록 건강하게 가꿉시다.

너희 몸은 너희가 하나님께로부터 받은 바 너희 가운데 계신 성령의 전인 줄을 알지 못하느냐 너희는 너희 자신의 것이 아니라 값으로 산 것이 되었으니 그런즉 너희 몸으로 하나님께 영광을 돌리라 고전 6:19,20

○ 각오와 결단

한 주간의 신, 덕, 지, 체를 돌아보며 주신 은혜에 감사하고 더 힘써야 할 부분은 결단해요. 날마다 코람 데오(Coram Deo)의 삶, 매 순간 하나님의 뜻을 구하고 분별하는 삶을 소망하며 기도로 마무리합니다.

사람이 마음으로 자기의 길을 계획할지라도 그의 걸음을 인도하시는 이는 여호와시니라 잠 16:9

예배의 은혜를 기록하는
예배노트 활용법

예배노트는 예배를 통해 내게 주시는 깨달음과 말씀의 핵심을 기록하는 공간이에요. 새롭게 알게 된 것, 질문과 생각, 결단과 기도 등을 적습니다. 죄인 된 우리가 하나님의 임재 안에 들어갈 수 있는 건 참 감사한 일이에요. 날마다 영과 진리로 예배하며, 성령 충만을 소망하고, 몸과 마음, 정성과 물질을 동원해 하나님께 영광을 올려드려요. 완전하고 영원하신 그분의 말씀을 마음에 새길 때 놀라운 은혜를 경험할 수 있어요.

○ 말씀의 핵심 (Key Point)

꼭 기억해야 할 말씀의 핵심은 무엇인가요? 말씀 중에 특별히 중요하다고 느끼는 내용을 적어보세요.

○ 질문, 생각, 결단, 기도 (Question, Thinking, Determination, Praying)

예배 가운데 생기는 질문, 생각, 결단, 기도를 네 가지 색으로 구분된 각 칸에 기록해요.

이러므로 우리가 하나님께 끊임없이 감사함은 너희가 우리에게 들은 바 하나님의 말씀을 받을 때에 사람의 말로 받지 아니하고 하나님의 말씀으로 받음이니 진실로 그러하도다 이 말씀이 또한 너희 믿는 자 가운데에서 역사하느니라 살전 2:13

주의 말씀은
내 발에 등이요
내 길에 빛이니이다

시편 119편 105절

 묵상노트

날짜	년 월 일 요일	오늘의 말씀
핵심 단어		

본문 요약	
내게 주시는 말씀	
하나님의 성품	

나를 돌아보기	
오늘의 깨달음	
실천과 적용	
감사와 기도	

 묵상노트

날짜	년 월 일 요일	오늘의 말씀
핵심 단어		

본문 요약	
내게 주시는 말씀	
하나님의 성품	

나를 돌아보기	
오늘의 깨달음	
실천과 적용	
감사와 기도	

 **묵상노트**

날짜	년 월 일 요일	오늘의 말씀
핵심 단어		

본문 요약	
내게 주시는 말씀	
하나님의 성품	

나를 돌아보기	
오늘의 깨달음	
실천과 적용	
감사와 기도	

한 손에는 성경, 한 손에는 책

삶을 무엇으로 채우든
하나님의 영광을 위해서여야 한다.

독서를 통한 지식의 확장이
개인의 성공과 지식의 자랑,
삶의 안정을 위한 목표가
되지 않도록 주의하자.

하나님이 기뻐하시는 삶을 위해
세상을 섬기는 삶,
하나님이 찾으시는 한 사람,
준비된 사람이 되기 위해 배움의 길을
포기하지 않도록 해야 한다.

한 손에는 성경을, 다른 한 손에는 책을 들고
수불석권(手不釋卷)할 수 있기를 바란다.
하나님을 알고 세상을 알고
변화와 참된 앎을 통해
세상에서 빛과 소금으로,
한 알의 밀알로 쓰임 받자.

불완전한 책을 완전한 책에 비추어
불충분한 책을 충분한 책에 비추어
일시적인 책을 영원한 책에 비추어
얄팍한 책을 초월적인 책에 비추어
지혜의 통찰과 지식의 통달이
신앙을 확장시키고 진리를 탐구하는
능력이 될 수 있도록 최고의 독서법을 활용하자.

《엄마표 신앙교육》 중에서

 묵상노트

날짜	년 월 일 요일	오늘의 말씀
핵심 단어		

본문 요약

내게 주시는 말씀

하나님의 성품

나를 돌아보기	
오늘의 깨달음	
실천과 적용	
감사와 기도	

 **묵상노트**

날짜	년 월 일 요일	오늘의 말씀
핵심 단어		

본문 요약

내게 주시는 말씀

하나님의 성품

나를 돌아보기	
오늘의 깨달음	
실천과 적용	
감사와 기도	

 **묵상노트**

날짜	년 월 일 요일	오늘의 말씀
핵심 단어		
본문 요약		
내게 주시는 말씀		
하나님의 성품		

나를 돌아보기	
오늘의 깨달음	
실천과 적용	
감사와 기도	

사모해야 할 신앙훈련, 암송

말씀암송은 선택의 문제가 아닌
하나님의 명령이자
예수님의 가르침이 담긴 신앙훈련이다.
내 구미에 맞는 말씀만
편식하듯 골라 외우며
번영을 기대해서는 안 된다.

기도는 내 뜻을 하나님께
관철시키는 것이 아니라
하나님의 뜻을 구하고 따르는 것이다.

말씀암송도 살아 계신 하나님의 말씀에
내 삶을 비춰보는 일임을 알아야 한다.
빛 되신 주님이
내가 죄인인 것을 깨닫게 하시고,
빛과 진리의 길로 인도해주시는
과정임을 알아야 한다.

날마다 자아를 죽이고
말씀을 믿음으로 선포하는 일은
성령충만한 삶으로 이어질 뿐 아니라
하나님이 부어주시는 지혜와 은혜를
경험하는 시간이기에
사모해야 하는 훈련임에 틀림없다.

《엄마표 신앙교육》 중에서

 **묵상노트**

날짜	년 월 일 요일	오늘의 말씀
핵심 단어		

본문 요약	
내게 주시는 말씀	
하나님의 성품	

나를 돌아보기	
오늘의 깨달음	
실천과 적용	
감사와 기도	

성찰노트

날짜	년 월 일 요일	날씨

○ **신**(信) 경건한 믿음을 쌓기 위해 실행한 일 | 예배, 말씀, 기도 등

○ **덕**(德) 예수님의 마음을 품고 행한 일 | 섬김, 순종, 배려, 용서 등

○ **지**(知) 착실한 실력을 갖추기 위해 노력한 일 | 독서, 공부, 배움 등

○ **체**(體) 건강한 신체를 만들기 위해 실천한 일 | 운동, 음식, 수면 등

○ **각오와 결단** 다음 한 주간 더 힘써야 할 부분은 무엇인가요?

 예배노트

날짜	년 월 일 요일	예배
본문		🔑 말씀의 **핵심**
제목		

	질문 | 생각 | 결단 | 기도
	■
	■
	■
	■
	Memo

전에 하던 대로

성경 인물 중 닮기 원하는 한 사람을 꼽으라면
단연 다니엘을 택할 것이다.
다니엘은 뜻을 정하고 믿음을 굽히지 않았다.
다니엘은 누구든지 왕 외의 어떤 신이나 사람에게
기도하면 사자 굴에 던져진다는 것을 알았다.
그럼에도 그는 예루살렘으로 향한 창문을 열고
거룩한 습관을 따라 하루에 세 번씩 무릎을 꿇고
기도하며 하나님께 감사했다.

여기서 주목해야 할 것은
다니엘의 '전에 하던 대로'의 영성이다.
죽음이 눈앞에 도사리고 있음에도
왕의 금령 따위를 두려워하지 않았던 이유는
왕보다 크신 하나님을 경외했기 때문이다.

'전에 하던 대로'의 거룩한 습관은
상황과 환경을 따르지 않는다.
어떠한 상황에서도 회피하거나 외면하지 않고
정면돌파하는 힘이 있다.

영적인 습관은 단번에 만들어지지 않는다.
오랜 시간과 훈련이 필요하며
머리가 아닌 몸으로 익히는 과정이다.
삶의 위기와 고난 앞에서 이해타산을 따지기 전에
습관을 따라 믿음의 자리를 지킬 때,
뜻을 정해 자신을 더럽히지 않았던 다니엘처럼
하나님의 지혜와 능력을 경험하는 자로
서게 될 줄 믿는다.

《엄마표 신앙교육》 중에서

 **묵상노트**

날짜	년　월　일　요일	오늘의 말씀
핵심 단어		

본문 요약

내게 주시는 말씀

하나님의 성품

나를 돌아보기	
오늘의 깨달음	
실천과 적용	
감사와 기도	

 **묵상노트**

날짜	년 월 일 요일	오늘의 말씀
핵심 단어		

본문 요약	
내게 주시는 말씀	
하나님의 성품	

나를 돌아보기	
오늘의 깨달음	
실천과 적용	
감사와 기도	

 묵상노트

날짜	년　월　일　요일	오늘의 말씀
핵심 단어		

본문 요약

내게 주시는 말씀

하나님의 성품

나를 돌아보기	
오늘의 깨달음	
실천과 적용	
감사와 기도	

승리의 비결

성경은 우리가 유일하고도
분명하게 볼 수 있는 하나님이다.

존 파이퍼는 하나님의 말씀은
믿음을 일깨우고 강하게 하며
듣는 일을 통해 성령을 공급하시며
생명을 창조하고 유지할 뿐 아니라
소망을 준다고 했다.
말씀이 우리를 자유로 인도하며
우리가 드리는 기도 응답의 열쇠이자
지혜의 근원이 된다는 것이다.

또한 말씀은 우리에게 결정적인 경고를 주고
마귀를 물리칠 수 있게 해주며
크고 지속적인 기쁨의 근원이 된다고 말했다.

생각과 사고를 말씀으로 가득 채우기 위해서는
성경을 읽어야 한다.
지금의 세상은 선과 악이 불분명하고
진실과 거짓을 구분하기 어려울 뿐 아니라
미혹과 유혹이 난무하고 있다.

'말씀'이라는 분명한 기준이 없다면
사탄의 올무에 걸릴 수밖에 없다.
말씀의 기준으로 세상을 바라볼 때
명확하고 선명한 기독교 세계관을 가지고
승리하게 될 것이다.
모든 전쟁에서 승리할 수 있는 길은
성령의 검, 말씀을 가지는 것뿐이다.

《엄마표 신앙교육》 중에서

 **묵상노트**

날짜	년 월 일 요일	오늘의 말씀
핵심 단어		

본문 요약	
내게 주시는 말씀	
하나님의 성품	

나를 돌아보기	
오늘의 깨달음	
실천과 적용	
감사와 기도	

📖 묵상노트

날짜	년 월 일 요일	오늘의 말씀
핵심 단어		

본문 요약

내게 주시는 말씀

하나님의 성품

나를 돌아보기	
오늘의 깨달음	
실천과 적용	
감사와 기도	

 **묵상노트**

날짜	년　월　일　요일	오늘의 말씀
핵심 단어		

본문 요약	
내게 주시는 말씀	
하나님의 성품	

나를 돌아보기	
오늘의 깨달음	
실천과 적용	
감사와 기도	

그래도, 감사

불평은 나의 심령도 죽고
다른 사람도 함께 죽게 만든다.
감사는 나도 살고 타인도 살릴 뿐 아니라
기쁨과 행복을 전염시킨다.

불평을 이기는 힘은 감사와 찬양밖에 없다.
매 순간 입술에 찬양을 채우고
범사에 감사하는 훈련을 하자.
주어진 것에만 감사하는 것을 넘어
그리 아니할지라도 감사할 수 있어야
진정한 감사인 것을 배워나가자.

하박국의 기도처럼 모든 것이 없어도
여호와로 말미암아 즐거워하며
구원의 하나님으로 말미암아
감사하는 가정이 되자.

소소한 감사와 일상의 감사,
그리 아니하실지라도 감사,
그럼에도 불구하고 드리는 감사가
입술에서 떠나지 않기를
소망하며 기도하자.

감사함으로 그의 문에 들어가며
찬송함으로 그의 궁정에 들어가서
그에게 감사하며
그의 이름을 송축할지어다
시 100:4

《엄마표 신앙교육》 중에서

 묵상노트

날짜	년 월 일 요일	오늘의 말씀
핵심 단어		

본문 요약	
내게 주시는 말씀	
하나님의 성품	

나를 돌아보기	
오늘의 깨달음	
실천과 적용	
감사와 기도	

# 성찰노트

| 날짜 | 년   월   일   요일 | 날씨 |

○ **신**(信) 경건한 믿음을 쌓기 위해 실행한 일 | 예배, 말씀, 기도 등

○ **덕**(德) 예수님의 마음을 품고 행한 일 | 섬김, 순종, 배려, 용서 등

○ **지**(知) 착실한 실력을 갖추기 위해 노력한 일 | 독서, 공부, 배움 등

○ **체**(體) 건강한 신체를 만들기 위해 실천한 일 | 운동, 음식, 수면 등

○ **각오와 결단** 다음 한 주간 더 힘써야 할 부분은 무엇인가요?

 예배노트

날짜	년 월 일 요일	예배
본문		말씀의 핵심
제목		

	질문 │ 생각 │ 결단 │ 기도

■

■

■

■

Memo

화평의 도구

미움이 있는 곳에 평화와 사랑을
분열이 있는 곳에 화해와 일치를
가져오는 사람이 화평하게 하는 사람이다.

화평의 도구가 되기 위해 노력하자.
그곳에 사랑과 평화의 열매가
아름답게 맺힐 것이다.

사탄이 싫어하는 3종 세트가
감사, 회개, 용서다.
나의 죄를 용서해주신 주님 앞에
용서하지 못할 이유는 하나도 없다.
용서 못하는 마음 때문에
덫에 걸리는 일이 없어야 한다.

서로 친절하게 하며
불쌍히 여기며 용서하는 삶이
말씀대로 사는 삶임을 기억하고
가족과 이웃에게 용서를 실천해보자.

화평하게 하는 자들은
화평으로 심어
의의 열매를 거두느니라
약 3:18

《엄마표 신앙교육》 중에서

📖 묵상노트

날짜	년　　월　　일　　요일	오늘의 말씀
핵심 단어		

본문 요약

내게 주시는 말씀

하나님의 성품

나를 돌아보기	
오늘의 깨달음	
실천과 적용	
감사와 기도	

 **묵상노트**

날짜	년　월　일　요일	오늘의 말씀
핵심 단어		

본문 요약	
내게 주시는 말씀	
하나님의 성품	

나를 돌아보기	
오늘의 깨달음	
실천과 적용	
감사와 기도	

 **묵상노트**

날짜	년 월 일 요일	오늘의 말씀
핵심 단어		
본문 요약		
내게 주시는 말씀		
하나님의 성품		

나를 돌아보기	
오늘의 깨달음	
실천과 적용	
감사와 기도	

다시 일어서는 자

이 세상을 살아가면서
넘어지고 실패하는 일을 끊임없이 만난다.
그때마다 상황을 인정하지 않고 피하기만 한다면
앞으로 나아갈 수가 없다.

믿음의 여정엔 보이지 않는 길을 가야 할 때도 있고
잡히지 않는 소망을 붙들어야 할 때도 있다.
실패할 때도 있고 넘어질 때도 있다.
오르막길이 있으면 내리막길도 만난다.

넘어지면 일어나면 되고
헛된 소망을 붙들었다면 놓으면 된다.
아픈 상처도 아물듯이
아픔을 딛고 일어나면 된다.

하나님의 자녀는 넘어지지 않기 위해
몸부림치는 것이 아니라
다시 말씀을 붙들고
일어서는 자임을 잊지 말자.

모든 상황에서 일어날 힘은
믿음의 주요 온전케 하시는
주님을 바라보는 것이다.

믿음의 주요 또 온전하게
하시는 이인 예수를 바라보자
그는 그 앞에 있는 기쁨을 위하여
십자가를 참으사
부끄러움을 개의치 아니하시더니
하나님 보좌 우편에 앉으셨느니라
히 12:2

《엄마표 신앙교육》 중에서

 **묵상노트**

날짜	년　월　일　요일	오늘의 말씀
핵심 단어		

본문 요약	
내게 주시는 말씀	
하나님의 성품	

나를 돌아보기	
오늘의 깨달음	
실천과 적용	
감사와 기도	

 **묵상노트**

날짜	년 월 일 요일	오늘의 말씀
핵심 단어		

본문 요약

내게 주시는 말씀

하나님의 성품

나를 돌아보기	
오늘의 깨달음	
실천과 적용	
감사와 기도	

 **묵상노트**

날짜	년 월 일 요일	오늘의 말씀
핵심 단어		

본문 요약	
내게 주시는 말씀	
하나님의 성품	

나를 돌아보기	
오늘의 깨달음	
실천과 적용	
감사와 기도	

복음의 능력

지금 이 순간 필요한 건
그 어떤 것보다 복음이다.
들어도 들어도 부족한 소리가
복음이어야 한다.

스마트폰이나 게임 영상 등
유해한 것들이 많지만
가장 위험한 것은 마음에 거하는 죄다.
죄는 그리스도의 영광을 보지 못하게 한다.
그래서 복음이 필요하다.

죄에서 자유를 얻게 하는 능력은
보혈의 능력밖에 없다.
그 능력은 다름 아닌
우리 주 예수께 있다.

날마다 다시 복음 앞에 서자.
회개 없는 거듭남은 없다.
삶에 복음을 처방하자.
마음과 생각과 뜻을 판단하시는,
말씀이신 예수님이
모든 죄를 드러나게 하시고
보혈의 능력으로 용서해주실 줄 믿는다.

그러므로 너희가 회개하고 돌이켜
너희 죄 없이함을 받으라
이같이 하면 새롭게 되는 날이
주 앞으로부터 이를 것이요
행 3:19

《엄마표 신앙교육》 중에서

 **묵상노트**

날짜	년 월 일 요일	오늘의 말씀
핵심 단어		

본문 요약	
내게 주시는 말씀	
하나님의 성품	

나를 돌아보기	
오늘의 깨달음	
실천과 적용	
감사와 기도	

 성찰노트

날짜	년 월 일 요일	날씨

○ **신**(信) 경건한 믿음을 쌓기 위해 실행한 일 | 예배, 말씀, 기도 등

○ **덕**(德) 예수님의 마음을 품고 행한 일 | 섬김, 순종, 배려, 용서 등

○ **지**(知) 착실한 실력을 갖추기 위해 노력한 일 | 독서, 공부, 배움 등

○ **체**(體) 건강한 신체를 만들기 위해 실천한 일 | 운동, 음식, 수면 등

○ **각오와 결단** 다음 한 주간 더 힘써야 할 부분은 무엇인가요?

 **예배노트**

| 날짜 | 년 월 일 요일 | 예배 |

본문

제목

말씀의 핵심

질문 | 생각 | 결단 | 기도

Memo

입술의 파수꾼

말은 선하거나 악하지 않다.
그 말을 사용하는 사람이
악하거나 선한 것이다.

무심코 내뱉은 말이
누군가에게 상처가 되고
영혼을 죽이는 일로 이어진다면
그건 명백한 죄다.

하나님의 자녀는 건강하고 좋은 말,
칭찬과 격려의 말, 사랑과 위로의 말,
용서와 화목의 말, 선한 말 등
생명과 축복의 말을 전하는
그리스도의 향기가 되어야 한다.

말은 언제나 그 사람과 닮아있고
그 사람의 성품이고 인격이다.
말의 품격이 곧 사람의 품격을
결정하기 때문이다.

욕, 비꼬는 말, 놀리는 말, 상처 주는 말,
속이는 말 등 사망과 저주의 말들은
정화하고 교정해야 한다.
입술을 통제할 힘은 오직 주께 있다.
거룩한 입술이 되기를 기도하고
선한 말을 넣어주시길 소망하며 간구하자.

여호와여 내 입에 파수꾼을 세우시고
내 입술의 문을 지키소서
시 141:3

《엄마표 신앙교육》 중에서

 **묵상노트**

날짜	년　월　일　요일	오늘의 말씀
핵심 단어		

본문 요약

내게 주시는 말씀

하나님의 성품

나를 돌아보기	
오늘의 깨달음	
실천과 적용	
감사와 기도	

 **묵상노트**

날짜	년 월 일 요일	오늘의 말씀
핵심 단어		

본문 요약

내게 주시는 말씀

하나님의 성품

나를 돌아보기	
오늘의 깨달음	
실천과 적용	
감사와 기도	

 **묵상노트**

날짜	년 월 일 요일	오늘의 말씀	
핵심 단어			

본문 요약

내게 주시는 말씀

하나님의 성품

나를 돌아보기	
오늘의 깨달음	
실천과 적용	
감사와 기도	

지혜와 지식의 종합선물세트

우주 만물을 창조하신 하나님,
말씀이신 하나님이 내 안에 거하시는데
이보다 더 좋은 선물이 있을까!

나를 구원하신 그 사건 하나만으로도
우리는 이미 너무 큰 선물을 받았다.
말씀을 소유할 수 있는 은혜,
그것이 가장 큰 선물이다.

그 어떤 선물보다 가치 있고
지혜와 지식의 모든 보화가 감춰져 있으며
소멸되지 않고 영원할 뿐 아니라
능하지 못함이 없는 최고의 선물인
말씀을 소유하자.

그 안에는 지혜와 지식의
모든 보화가 감추어져 있느니라
골 2:3

풀은 마르고 꽃은 시드나
우리 하나님의 말씀은
영원히 서리라 하라
사 40:8

《엄마표 신앙교육》 중에서

 **묵상노트**

날짜	년 월 일 요일	오늘의 말씀
핵심 단어		

본문 요약

내게 주시는 말씀

하나님의 성품

나를 돌아보기	
오늘의 깨달음	
실천과 적용	
감사와 기도	

 **묵상노트**

날짜	년　　월　　일　　요일	오늘의 말씀
핵심 단어		

본문 요약

내게 주시는 말씀

하나님의 성품

나를 돌아보기	
오늘의 깨달음	
실천과 적용	
감사와 기도	

 **묵상노트**

날짜	년 월 일 요일	오늘의 말씀
핵심 단어		

본문 요약	
내게 주시는 말씀	
하나님의 성품	

나를 돌아보기	
오늘의 깨달음	
실천과 적용	
감사와 기도	

소망을 하나님께

어려움이 있을 때,
사람을 통해 위로는 받을 수 있으나
문제를 해결할 수는 없다.

문제를 해결하고 이겨내는 힘은
오직 하나님께 있다.
내 영혼을 향해 선포하자.

"나의 영혼아, 잠잠히 하나님만 바라라!"

우리가 잠잠히 하나님을 바랄 때
그분은 우리에게 소망을 주시고
이겨낼 힘 또한 주신다.

낙심될 때 말씀을 붙들고 일어서자.
소망의 말씀을 마음에 저장해두자.

낙심과 절망의 순간,
심어 둔 말씀이 불현듯 떠올라
나를 소성케 하는 능력을 경험하게 될 것이다.

나는 항상 소망을 품고
주를 더욱더욱 찬송하리이다
시 71:14

오직 그만이 나의 반석이시요
나의 구원이시요 나의 요새이시니
내가 흔들리지 아니하리로다
시 62:6

《엄마표 신앙교육》 중에서

 **묵상노트**

날짜	년 월 일 요일	오늘의 말씀
핵심 단어		

본문 요약

내게 주시는 말씀

하나님의 성품

나를 돌아보기	
오늘의 깨달음	
실천과 적용	
감사와 기도	

 성찰노트

| 날짜 | 년 월 일 요일 | 날씨 |

○ **신**(信) 경건한 믿음을 쌓기 위해 실행한 일 | 예배, 말씀, 기도 등

○ **덕**(德) 예수님의 마음을 품고 행한 일 | 섬김, 순종, 배려, 용서 등

○ **지**(知) 착실한 실력을 갖추기 위해 노력한 일 | 독서, 공부, 배움 등

○ **체**(體) 건강한 신체를 만들기 위해 실천한 일 | 운동, 음식, 수면 등

○ **각오와 결단** 다음 한 주간 더 힘써야 할 부분은 무엇인가요?

 **예배노트**

날짜	년 월 일 요일	예배

본문

제목

말씀의 핵심

질문 | 생각 | 결단 | 기도

Memo

복음 필터

온갖 죄와 세상의 유혹과 소리를
걸러낼 필터가 필요하다.
다름 아닌 복음 필터다.

마음과 생각에 복음 필터를 장착하자.
영적 건강을 지켜주는 것을 넘어 생명을 살린다.
복음 필터를 통해 끊임없이
영적 불순물과 욕심과 자아를 걸러내야
영적 상태를 점검할 수 있다.

나의 마음과 생각을 점검하고
마음에서 나오는 악한 생각과
살인과 간음과 음란과 도둑질과
거짓 증언과 비방을 걸러내어
순결하고 깨끗한 복음의 생수를 마시자.

모든 죄악을 걸러내어
청정하고 상쾌한 복음의 공기를 마실 때
모든 지각에 뛰어난 하나님의 평강이
그리스도 예수 안에서
마음과 생각을 지켜주실 것이다.

너희 안에 이 마음을 품으라
곧 그리스도 예수의 마음이니
빌 2:5

《엄마표 신앙교육》 중에서

 **묵상노트**

날짜	년 월 일 요일	오늘의 말씀
핵심 단어		

본문 요약

내게 주시는 말씀

하나님의 성품

나를 돌아보기	
오늘의 깨달음	
실천과 적용	
감사와 기도	

 **묵상노트**

날짜	년 월 일 요일	오늘의 말씀	
핵심 단어			
본문 요약			
내게 주시는 말씀			
하나님의 성품			

나를 돌아보기	
오늘의 깨달음	
실천과 적용	
감사와 기도	

 **묵상노트**

날짜	년　월　일　요일	오늘의 말씀
핵심 단어		

본문 요약	
내게 주시는 말씀	
하나님의 성품	

나를 돌아보기	
오늘의 깨달음	
실천과 적용	
감사와 기도	

잘 믿는 것 VS 잘 되는 것

잘 되길 바라는가? 잘 믿길 바라는가?
잘 믿는 것과 잘 되는 것엔 큰 차이가 있다.

학원 보강은 꼭 가지만
교회 수련회는 가지 않고
신앙보다 공부를
우선순위에 둔다면
나를 돌아볼 필요가 있다.

내가 진정으로 믿고 신뢰하고
따르는 것이 과연 무엇인지,
대학 입시를 준비하는 만큼
천국 입성을 위한 준비를 하고
있는지 스스로 점검해봐야 한다.

우리는 세상을 움직이는 사람이 아니라
하나님의 뜻대로 세상을 움직이는
사명자가 되어야 한다.

'잘 되는 것'에서 '잘 믿는 것'으로 가치를 옮기자.
잘 믿는 사람이 잘 되는 사람이라는 것에
한 치의 의심도 없어야 한다.
우리가 머물 곳은 이 세상이 아닌
영원한 그곳이기 때문이다.

하나님의 말씀은 다 순전하며
하나님은 그를 의지하는 자의 방패시니라
잠 30:5

《엄마표 신앙교육》 중에서

 **묵상노트**

날짜	년 월 일 요일	오늘의 말씀
핵심 단어		

본문 요약	
내게 주시는 말씀	
하나님의 성품	

나를 돌아보기	
오늘의 깨달음	
실천과 적용	
감사와 기도	

📖 묵상노트

날짜	년　월　일　요일	오늘의 말씀
핵심 단어		

본문 요약

내게 주시는 말씀

하나님의 성품

나를 돌아보기	
오늘의 깨달음	
실천과 적용	
감사와 기도	

 **묵상노트**

날짜	년 월 일 요일	오늘의 말씀
핵심 단어		

본문 요약

내게 주시는 말씀

하나님의 성품

나를 돌아보기	
오늘의 깨달음	
실천과 적용	
감사와 기도	

모든 해답은 말씀

성경을 믿어야
성경이 답이라고 고백할 수 있다.
약속의 말씀을 믿고, 그 명령에 순종하며,
나의 부족함을 인정하면
답을 갖고 계신 하나님께서
친히 이끄시고 지도하신다.

성경은 하나님의 감동으로 기록되었기에
계시 없이는 말씀의 지혜를 깨달을 수 없다.
성령의 도우심이 있어야
말씀 가운데 보여주시는 것을
보고 듣고 취할 수 있다.

성령과 말씀은 분리되지 않는다.
하나님의 뜻을 알기 위해,
성령충만을 위해 기도하자.

성경에는 무수한 지혜와 가르침이 담겨 있다.
문제 앞에 간구하며 지혜를 구하자.

하나님은 책망하지 않으시고
품어주실 뿐 아니라
넘치도록 채워주시는 분이다.
구하고 찾고 두드릴 때
사모하는 영혼에게 만족을 주시고
주린 영혼에게 좋은 것으로 채워주신다.

《엄마표 신앙교육》 중에서

 **묵상노트**

날짜	년 월 일 요일	오늘의 말씀
핵심 단어		

본문 요약

내게 주시는 말씀

하나님의 성품

나를 돌아보기	
오늘의 깨달음	
실천과 적용	
감사와 기도	

 성찰노트

| 날짜 | 년　월　일　요일 | 날씨 |

○ **신**(信)　경건한 믿음을 쌓기 위해 실행한 일 | 예배, 말씀, 기도 등

○ **덕**(德)　예수님의 마음을 품고 행한 일 | 섬김, 순종, 배려, 용서 등

○ **지**(知)　착실한 실력을 갖추기 위해 노력한 일 | 독서, 공부, 배움 등

○ **체**(體)　건강한 신체를 만들기 위해 실천한 일 | 운동, 음식, 수면 등

○ **각오와 결단**　다음 한 주간 더 힘써야 할 부분은 무엇인가요?

 **예배노트**

날짜	년　월　일　요일	예배
본문		🔑 말씀의 **핵심**
제목		

질문 | 생각 | 결단 | 기도

Memo

너는 특별하단다

밑도 끝도 없는 자존감은
내가 누구인지 아는 것에서 시작된다.
바로 정체성이다.

내가 하나님의 자녀로서
어떤 존재인지를 아는 것,
내 가치가 어디서부터 오는지 알아야 한다.

하나님은 우리를 각양각색
특별한 모습으로 만드셨다.
한 사람 한 사람 독특하고
특별한 자녀로 부르신 목적은
사명이 다르기 때문이다.
다른 사람보다 뛰어난 가치가 있어서
특별한 것이 아니라
존재 자체만으로 특별하게 여겨주시는
그 사랑을 알 때 정체성이 흔들리지 않는다.

삶의 역경과 굴곡에도 변함없이
나를 보배롭고 존귀하게 여겨주시는
하나님에 대한 믿음과 신뢰가 쌓여야 한다.

하나님이 얼마나 인격적이시고
나를 존귀하게 여기시는지 알아야 한다.
이것이 자존감이다.

너의 하나님 여호와가 너의 가운데에 계시니
그는 구원을 베푸실 전능자이시라
그가 너로 말미암아 기쁨을 이기지 못하시며
너를 잠잠히 사랑하시며
너로 말미암아 즐거이 부르며
기뻐하시리라 하리라

습 3:17

《엄마표 신앙교육》 중에서

 묵상노트

날짜	년　　월　　일　　요일	오늘의 말씀
핵심 단어		

본문 요약

내게 주시는 말씀

하나님의 성품

나를 돌아보기	
오늘의 깨달음	
실천과 적용	
감사와 기도	

 **묵상노트**

날짜	년	월	일	요일	오늘의 말씀
핵심 단어					

본문 요약	
내게 주시는 말씀	
하나님의 성품	

나를 돌아보기	
오늘의 깨달음	
실천과 적용	
감사와 기도	

📖 묵상노트

날짜	년 월 일 요일	오늘의 말씀
핵심 단어		

본문 요약

내게 주시는 말씀

하나님의 성품

나를 돌아보기	
오늘의 깨달음	
실천과 적용	
감사와 기도	

말씀, 유일한 기준

진리가 아니면 거절하는 능력,
그것이 분별력이다.

범사에 헤아려 좋은 것을 취하고
악은 어떤 모양이라도 버리자.
기준은 무조건 하나님의 말씀이다.

말씀은 바른 관점을 갖게 하고
상황을 옳게 분별하도록 이끈다.
좌로나 우로나 치우치지 말게
해달라는 기도를 함에도
좌우로 치우치는 이유는
명확한 기준이 없기 때문이다.

성경적 기준이 아닌 세상의 기준이 되는 순간,
내 영혼은 세상에 선점된다.
우는 사자같이 삼키려고 혈안이 되어 있는
세상의 공격과 마귀의 간계 앞에
경계하고 분별력을 지니도록 깨어 기도하자.

하나님의 선하시고 기뻐하시고
온전하신 뜻이 무엇인지 분별할 때
지혜가 선한 자의 길로 행하게 하며
또 의인의 길을 지키게 하신다고 약속하신다.
우리의 기준은 다름 아닌
하나님의 말씀이다.

《엄마표 신앙교육》 중에서

 **묵상노트**

날짜	년 월 일 요일	오늘의 말씀
핵심 단어		

본문 요약	
내게 주시는 말씀	
하나님의 성품	

나를 돌아보기	
오늘의 깨달음	
실천과 적용	
감사와 기도	

 **묵상노트**

날짜	년　월　일　요일	오늘의 말씀
핵심 단어		

본문 요약	
내게 주시는 말씀	
하나님의 성품	

나를 돌아보기	
오늘의 깨달음	
실천과 적용	
감사와 기도	

 **묵상노트**

날짜	년 월 일 요일	오늘의 말씀
핵심 단어		

본문 요약

내게 주시는 말씀

하나님의 성품

나를 돌아보기	
오늘의 깨달음	
실천과 적용	
감사와 기도	

 **묵상노트**

날짜	년 월 일 요일	오늘의 말씀
핵심 단어		

본문 요약	
내게 주시는 말씀	
하나님의 성품	

나를 돌아보기	
오늘의 깨달음	
실천과 적용	
감사와 기도	

 성찰노트

| 날짜 | 년　월　일　요일 | 날씨 |

○ **신**(信)　경건한 믿음을 쌓기 위해 실행한 일 | 예배, 말씀, 기도 등

○ **덕**(德)　예수님의 마음을 품고 행한 일 | 섬김, 순종, 배려, 용서 등

○ **지**(知)　착실한 실력을 갖추기 위해 노력한 일 | 독서, 공부, 배움 등

○ **체**(體)　건강한 신체를 만들기 위해 실천한 일 | 운동, 음식, 수면 등

○ **각오와 결단**　다음 한 주간 더 힘써야 할 부분은 무엇인가요?

 예배노트

| 날짜 | 년 월 일 요일 | 예배 |

본문

제목

말씀의 핵심

질문 | 생각 | 결단 | 기도

Memo

엄마표 말씀 묵상노트 초등 고학년-청소년

초판 1쇄 발행	2020년 6월 5일
지은이	백은실
펴낸이	여진구
책임편집	김아진 정아혜
편집	이영주 김윤향 최현수 안수경 최은정
책임디자인	노지현	마영애 조아라 조은혜
기획·홍보	김영하
해외저작권	기은혜
마케팅	김상순 강성민 허병용
마케팅지원	최영배 정나영
제작	조영석 정도봉
경영지원	김혜경 김경희

303비전성경암송학교 유니게과정 박정숙 최경식
이슬비전도학교 / 303비전성경암송학교 / 303비전꿈나무장학회 여운학

펴낸곳	규장

주소 06770 서울시 서초구 매헌로 16길 20(양재2동) 규장선교센터
전화 02)578-0003   팩스 02)578-7332
이메일 kyujang0691@gmail.com   홈페이지 www.kyujang.com
페이스북 facebook.com/kyujangbook   인스타그램 instagram.com/kyujang_com
카카오스토리 story.kakao.com/kyujangbook
등록일 1978.8.14. 제1-22

ⓒ 저자와의 협약 아래 인지는 생략되었습니다.
이 출판물은 저작권법에 의해 보호를 받는 저작물이므로 무단 전재와 무단 복제를 할 수 없습니다.

책값 뒤표지에 있습니다.
ISBN 979-11-6504-085-7 03230

규 | 장 | 수 | 칙

1. 기도로 기획하고 기도로 제작한다.
2. 오직 그리스도의 성품을 사모하는 독자가 원하고 필요로 하는 책만을 출판한다.
3. 한 활자 한 문장에 온 정성을 쏟는다.
4. 성실과 정확을 생명으로 삼고 일한다.
5. 긍정적이며 적극적인 신앙과 신행일치에의 안내자의 사명을 다한다.
6. 충고와 조언을 항상 감사로 경청한다.
7. 지상목표는 문서선교에 있다.

하나님을 사랑하는 자 곧 그의 뜻대로 부르심을 입은 자들에게는 모든 것이 合力하여 善을 이루느니라(롬 8:28)

Member of the
Evangelical Christian
Publishers Association

규장은 문서를 통해 복음전파와 신앙교육에 주력하는 국제적 출판사들의 협의체인 복음주의출판협회(E.C.P.A:Evangelical Christian Publishers Association)의 출판정신에 동참하는 회원(Associate Member)입니다.